JEAN AICARDI

LE CHATEAU D'IF

o SON HISTOIRE o

o SON DONJON o

SES PRISONNIERS

Prix : **2** francs

MARSEILLE

IMPRIMERIE NOUVELLE (ASSOCIATION OUVRIÈRE)

29-31, Rue Sainte

—

1926

TOURISTES VISITEZ
L'ILE DE MONTE - CRISTO
L'ILE AUX PRISONS CÉLÈBRES
MARSEILLE
LE CHATEAU D'IF

PRÉFACE

« *Il est inutile, je pense, d'insister sur l'intérêt d'actualité que peut présenter aujourd'hui une courte notice historique sur le Château d'If, où plus de cinq cents prisonniers politiques méditent à l'heure qu'il est sur l'instabilité des pouvoirs préfectoraux et sur les vicissitudes du métier d'insurgé... »*

Ainsi débutait un article de Maxime Aubray, dans les colonnes du Petit Marseillais, *le 17 avril 1871. Ce n'est pas d'hier, évidemment !*

Aujourd'hui, il n'y a plus de prisonniers au Château d'If (1) mais l'île et son célèbre donjon n'en présentent pas moins un intérêt très vif pour les visiteurs et touristes qui ont lu Le Comte de Monte-Cristo *et qui, à côté du roman, veulent bien connaître l'Histoire.*

C'est à eux que s'adresse cette modeste publication tirée des archives départementales, des archives du génie, des livres de P. Etienne, Fabre, Lardier, Méry, Guindon, De Reveux, P. Ruat, Alph. Bonnet, Saurel et Espérandieu.

C'est aussi pour eux qu'on va tenter de donner à l'île du Château d'If certaines installations et

---

(1) L'origine du mot if dans Château d'If est douteuse ; rien ne permet de l'indiquer de façon précise. Il est probable que l'île, à l'époque où elle était boisée comme, d'ailleurs ses voisines Pomègues et Ratonneau, devait posséder en grand nombre, parmi sa végétation, des ifs, arbrisseaux de la famille des conifères à feuilles en spirale et à odeur forte.

certains aménagements indispensables à un pareil centre touristique.

L'Administration de la Guerre de laquelle dépend le Château d'If a cédé l'île pour une durée de six ans à un concessionnaire qui, malgré ce temps relativement court, va essayer de faire une organisation complète et mieux comprise; déjà les visiteurs peuvent y trouver un bureau de poste auxiliaire ; une cabine téléphonique y sera bientôt adjointe grâce à l'Administration de la Marine qui a permis l'usage de deux des conducteurs inutilisés de son câble sous-marin reliant Marseille à Pomégues; un café, un restaurant et même un hôtel se dressent déjà sur le rocher célèbre sans, d'ailleurs, lui rien enlever de son caractère abrupt et sauvage.

Ainsi les touristes français et étrangers désireux de visiter les anciens cachots d'Etat ou les simples promeneurs tentés par une agréable sortie en mer seront heureux de trouver désormais accueil aimable et séjour agréable, sur l'île de Monte-Cristo qui inspira cette boutade éloquente à Lefranc de Pompignan (1)

Nous fûmes donc au Château d'If.
C'est un lieu peu récréatif
Défendu par le fer oisif
De plus d'un soldat maladif
Qui, de guerrier jadis actif,
Est devenu garde passif.
Sur ce roc, taillé dans le vif,

---

(2) C'est à tort que ces vers ont été attribués par différents auteurs à Chapelle et Bachaumont (Les voyages amusants, 1656) ; ils sont, en réalité de Jean Jacques Le Franc de Pompignan (Un voyage en Languedoc et en Provence (1740)

Par bon ordre on retient captif,
Dans l'enceinte d'un mur massif,
Esprit libertin, cœur rétif,
Au salutaire correctif
D'un parent peu persuasif,
Le pauvre prisonnier pensif,
A la triste lueur du suif,
Jouit, pour seul soporatif,
Du murmure non lénitif
Dont l'élément rébarbatif
Frappe son organe attentif.
Or, pour être mémoratif,
De ce domicile afflictif,
Je jurai, d'un ton expressif,
De vous le peindre en rime en if.
Ce fait, du roc désolatif,
Nous sortîmes d'un pas hâtif
Et rentrâmes dans notre esquif,
En répétant, d'un ton plaintif :
Dieu nous garde du Château d'If !

Puisse le Château d'If conserver longtemps encore son donjon et ses tours et attirer les visiteurs en grand nombre. Car, en effet, combien de pages d'histoire ne rappelle-t-il pas à la génération actuelle ! Mais aussi quelles pages, douloureuses pour la plupart, qui se dresseront toujours tragiques et éloquentes comme un réquisitoire implacable, contre les anciennes prisons d'Etat et leurs tristes geôliers.... Et disons avec Clovis Hugues : « Le Château d'If a servi toutes les haines. Puisse-t-il n'assister dans l'avenir qu'au vaste épanouissement de l'amour dans l'humanité et du soleil dans la mer ! »

JEAN AICARDI.

LE CHATEAU D'IF

La vieille forteresse qui est connue sous le nom de Château d'If se dresse sur un îlot rocheux, de 850 mètres de pourtour, entre la pointe d'Endoume et l'île de Ratonneau. Elle a été construite, par ordre de François Ier, pour défendre Marseille contre une attaque par mer des Espagnols, qui venaient d'en faire le siège sans succès sous la conduite du Connétable de Bourbon.

La première pierre de l'édifice a été posée le 20 décembre 1524. Le roi de France vint à Marseille à cette occasion, et y fut reçu avec la plus grande solennité. On rapporte que François Ier fit placer, dans une caisse, sous la première pierre du Château d'If, une fiole remplie d'huile, un flacon de vin, une boîte en métal pleine de blé et une plaque de cuivre commémorative de la fondation. Un petit bâtiment, rendez-vous de chasse, fut entièrement démoli lorsque la forteresse fut construite. Il peut paraître surprenant que l'île d'If — et celles voisines de Pomègue et de Ratonneau, — aient autrefois contenu du gibier. Un érudit marseillais, P. Etienne, nous en a donné la raison . « Toutes ces îles, aujourd'hui si nues et si rocailleuses, étaient, dit-il, verdoyantes et giboyeuses. Les collines qui font à l'azur de la mer un cadre pittoresque, étaient également couvertes de bois et devaient présenter le plus riant aspect. C'est de la montagne de N.-D. de la Garde, si nous en croyons l'histoire, que Jules César tira le bois nécessaire à la construction des tours, des mantelets et des machines nécessaires aux opérations du siège de Marseille. En 1381, la reine Jeanne de Naples, comtesse héréditaire de Provence, inféoda ces îles, par lettres-patentes qu'elle fit expédier à son écuyer, Arnaud de Montolieu, et celui-ci, trois ans après, fut autorisé par le viguier de Marseille à interdire à toutes personnes, sous peine d'une forte amende, d'aller y chasser avec des oiseaux, des filets, des bâtons, des chiens, des furets ou autres animaux sans sa permission. Il fit défendre également, sous les mêmes peines d'aller faire du bois dans les îles, ne permettant qu'aux pêcheurs d'en prendre pour faire chauffer leur chaudron, sans toutefois en emporter chez eux. » En 1470, René d'Anjou, comte de Provence, — le bon roi René, comme on l'appelait, — nomma Clovis de Beaumont, son chambellan, veneur général des îles de Marseille et autres lieux maritimes, jusqu'aux îles de Sainte-Marguerite. On n'a donc pas à douter qu'en 1524, l'îlot d'If fût encore assez boisé pour abriter du gibier et faire l'objet d'un droit de chasse.

Le château, qui fut terminé quatre ans après, ne comportait que la partie centrale, ou donjon, constituée comme elle l'est aujourd'hui, par une lourde construction carrée de 28 mètres de côté, avec un préau au milieu et une tour ronde à trois de ses angles.

Les appelations des trois tours sont données par un inventaire de 1552. La plus grande celle de l'ouest était dite Saint-Cristophe; les deux autres se nommaient tour Saint-Jaume et tour Maugouver. Le Château d'If est alimenté d'eau potable par trois citernes, dont une est au milieu du préau. Ce n'est que beaucoup plus tard, en 1592, que la muraille qui fait le tour de l'île fut commencée. Cette date est encore gravée au-dessus de la porte d'entrée du corps de place.

Le premier gouverneur du Château d'If fut un gentilhomme de la Cour, Louis de Fournillon, qui y tint garnison avec une compagnie d'hommes d'armes.

Jusqu'à la fin du XVIe siècle, l'histoire du château est assez peu connue. François Ier, qui était venu à Marseille à l'occasion du mariage de son second fils, le duc d'Orléans, avec la fille de Laurent II de Médicis, la trop célèbre Catherine, le visita le 8 octobre 1533, avec une suite considérable de seigneurs. A son retour, toute la population marseillaise, massée sur la Cannebière, engagea une bataille à coups d'oranges avec les personnages de la Cour. Les dames se mirent de la partie, et ne furent pas les moins habiles. Le roi lui-même reçut des projectiles et en rendit — ce qui, paraît-il, l'amusa beaucoup.

Louis de Fournillon mourut le 29 janvier 1539, et fut remplacé par Louis Adhémar de Monteil, baron de Grignan, qui ne tarda pas à céder sa charge au capitaine André de Marsay, des galères royales, sous le gouvernement duquel le Château d'If fut réparé et quelques dépendances construites.

En 1536, Charles-Quint vint en personne faire le siège de Marseille à la tête d'une armée de 50.000 hommes. Son attaque fut repoussée. Il est à présumer que des galères espagnoles essayèrent vainement de s'emparer du Château d'If.

Le 2 juillet 1552, la place de gouverneur, devenue vacante par la mort du capitaine de Marsay, fut donnée à Claude de Simiane de la Coste. Claude de Simiane avait pour lieutenant Aubert Guérin. D'un inventaire qui fut passé le 10 juillet 1552, à l'entrée en charge de ce gouverneur, il résulte que l'armement du Château se composait alors de 13 pièces d'artillerie ainsi réparties : Sur la plate-forme de la tour Saint-Cristophe (grande tour), 2 coulevrines ; sur la plate-forme du Château, 2 canons serpentins, une grande coulevrine et une coulevrine bâtarde; sur la plate-forme de la tour de Maugouvert, une coulevrine bâtarde faite à pans ; sur la plate-forme de la tour de St-Jaume, 2 grandes coulevrines. Toutes ces pièces étaient décorées de fleurs de lys et de salamandres. Une vingtaine de roues de rechange, autant d'affûts neufs, 4 pièces non montées et différents accessoires se trouvaient dans la chambre de la tour St-Cristophe. Il y avait dans la poudrière 39 quintaux de poudre et 328 boulets de toute nature. L'inventaire accuse, de plus, l'existence d'un marteau de forge et d'un moulin à vent « fourni de ses meules, voiles et autres ustensiles appartenant au dit moulin ». Au mois de février 1554, un navire aragonais, la *Sainte-Marie-de-Lorette*, chargé de balles de laine et de couffes de soude, fut pris sur les ennemis « dans les mers de Corse » et conduit dans les îles de Marseille par les galères royales.

François de Simiane de la Coste qui succéda à son père, se démit lui-même de ses fonctions, le 2 avril 1573, et le gouvernement du Château d'If passa entre les mains de Nicolas de Beausset de Roquefort, valet de chambre ordinaire du roi, et l'un des capitaines de ses galères.

Pendant la Ligue, la forteresse fut mêlée à de sérieux événements. A l'instigation de la comtesse de Sault, qui s'était mise à la tête des mécontents, Charles Emmanuel, duc de Savoie, entra en Provence, le 14 octobre 1590, et s'y conduisit bientôt en maître. « Les vrais amis du pays s'indignèrent de cette mesure et les puissances voisines cherchèrent à en profiter. Deux galères du grand-duc de Toscane chargées d'armes et de munitions, arrivèrent au Château d'If, le 6 mars 1591, et au nom de ce prince, demandèrent à l'occuper.

Le grand-duc, redoutant l'agrandissement de la Maison de Savoie et craignant qu'à la faveur des discordes civiles elle ne réussît à réunir la Provence à ses Etats, voulut du moins opposer quelques embarcations à ses tentatives en s'emparant des îles de Marseille».

Nicolas de Beausset gouverneur du Château d'If, se trouvait placé dans une position très délicate. Il lui était difficile de repousser les avances d'un prince qui se prévalait de son amitié pour Henri IV et il appréhendait, à bon droit, que les Toscans ne se rendissent maîtres de la place.

Il crut sortir d'embarras en les autorisant seulement à débarquer dans l'île. De cette façon, il pensait pouvoir s'en servir au besoin contre les ligueurs et les repousser, sans aucune peine, lorsque le moment serait venu. Il exigea, de plus, des officiers florentins, une déclaration écrite portant que le grand-duc de Toscane n'avait aucune prétention sur l'île d'If. Le duc de Savoie, qui cherchait à s'emparer de Marseille, somma Nicolas de Beausset de comparaître devant lui pour lui rendre des comptes. Le gouverneur du Château d'If refusa. Le duc le déclara rebelle et défendit expressément de lui fournir des vivres et des munitions.

La comtesse de Sault, devinant les projets trop personnels de son allié, n'avait pas tardé à se brouiller avec lui. Charles-Emmanuel l'avait fait arrêter, mais elle avait réussi à s'échapper à la faveur d'un déguisement et la ville de Marseille, que le duc convoitait, repoussa, dès ce moment, toute ingérence étrangère.

Charles-Emmanuel résolut de s'en rendre maître par la force. Il échoua piteusement, après un violent combat autour du monastère de Saint-Victor, dont le gouverneur de Notre-Dame de la Garde, gagné à sa cause, s'était emparé dans la nuit du 16 novembre 1591. Vaincu une seconde fois à Vinon, par les troupes royales, il reprit le chemin de ses Etats après avoir perdu près de dix mille hommes.

Le premier consul de Marseille, Charles Casaulx, disposa, dès ce moment, d'une autorité souveraine. Il la conserva pendant quatre ans, résistant aux troupes royales, d'abord pour le compte des ligueurs, ensuite pour conquérir l'indépendance de la ville, lorsque le duc de Mayenne se fut réconcilié avec Henri IV.

Nicolas de Beausset, retranché dans son fort, avait conclu avec Casaulx une convention qui lui permettait de se rendre à Marseille sans être inquiété. Le 17 novembre 1595, le duc de Guise, fils du Balafré, fut nommé au commandement du Comté de Provence, jusque-là exercé par le duc d'Epernon. Bien que le roi de France se fût réconcilié avec le pape, la ville de Marseille résistait toujours. Nicolas de Beausset soupçonné à bon droit de s'entendre avec le duc de Guise, mécontenta Casaulx, qui ordonna de le faire arrêter. Le gouverneur du Château d'If était alors à Marseille. Il ne put se rembarquer pour retourner dans l'île, et n'eut que le temps, pour ne pas être pris, de se diriger en toute hâte vers Aubagne où se trouvait le quartier général du duc de Guise.

Un lâche attentat lui rouvrit bientôt les portes de la forteresse. Le 17 février 1596, Casaulx fut assassiné par deux traîtres, les frères Bayon dits Liberta, et le duc de Guise, qui était peut-être l'instigateur du complot, en profita pour s'emparer de la ville.

Pendant l'absence de Nicolas de Beausset, les fonctions de gouverneur du Château d'If avaient été exercées par un lieutenant qui ne manquait pas d'énergie. Elle lui était d'autant plus nécessaire que les Toscans devenaient dangereux. L'expérience allait le prouver.

Le 3 mars 1596, Nicolas de Beausset fut délégué par Marseille auprès d'Henri IV. Il laissa son commandement à son fils, qui ne se faisait aucune idée de la responsabilité qu'il encourait et préférait le séjour de la ville à celui du château. Le commandant des troupes du grand-duc, Philippe Fulvio, ne tarda pas à voir tout le parti qu'il pourrait tirer de l'inhabileté du jeune gouverneur.

Avec la complicité d'un soldat italien qui servait dans les rangs français, il fit, une nuit, égorger le concierge, poignarder la sentinelle, enfermer le poste de police et abattre le pont-levis. La garnison, surprise dans son sommeil, n'eut pas le temps de se défendre et fut renvoyée.

Le 20 avril 1597, le duc de Guise essaya vainement de reprendre la forteresse. Après un combat de cinq heures, qui se termina à l'avantage des Marseillais, il réussit cependant à faire passer des troupes dans l'île de Ratonneau où il ordonna la construction d'un fort destiné à battre le Château d'If. Nicolas de Beausset, revenu de Paris, s'employa de son mieux pour seconder les vues de son chef ; mais les travaux étaient à peine commencés qu'il fallut les interrompre. Don Juan de Médicis, frère naturel du grand-duc de Toscane, accourut au secours du château et en fit garder les abords par ses galères.

Le 25 juin, eut lieu à Aix une Assemblée générale des Communes. Le duc de Guise s'y rendit et exposa aux députés le péril dans lequel la prise du Château d'If, par les Toscans, mettait Marseille et la Provence. Il demanda 300 hommes, qui lui furent accordés, et il les conduisit dans l'île de Ratonneau, où il les maintint pendant que, de son côté, don Juan de Médicis, secouru par les Espagnols, se retranchait dans l'île de Pomègue.

Le reste de l'année se passa en escarmouches.

Le 1er mai 1598, le roi de France et le grand-duc de Toscane signèrent le traité de Florence. Le Château d'If et les îles avoisinantes firent retour à la couronne contre le paiement de 200.000 écus. Le jeune de Beausset paya son imprudence d'une année de captivité dans la forteresse qu'il n'avait pas su conserver.

La même année, le gouvernement du Château d'If passa entre les mains de la famille Fortia, qui le garda jusqu'à la Révolution.

Le premier gouverneur issu de cette famille, Paul de Fortia, seigneur de Pilles, mourut en 1621 et fut remplacé par son fils aîné, Paul II, qui, lui-même, se démit de sa charge le 11 octobre 1660, en faveur de son second fils, Paul III de Fortia, sieur de Costechaude. Ils eurent des funérailles magnifiques, et furent enterrés dans la chapelle du château.

Depuis 1620, la garnison de l'île d'If se composait de 90 soldats payés par la province. Le 26 septembre 1636, cette garnison fut augmentée de 100 hommes.

En 1701, Vauban vint à Marseille pour y étudier, sur les lieux, les moyens de défense de la ville. Le donjon du Château d'If lui parut convenablemnt situé et bien bâti, mais il apprécia très durement la muraille de l'enceinte.

« Son tracé, dit-il, figure comme le rocher ; elle est toute revêtue, mais fort grossiérement, avec beaucoup de négligence et d'imperfection, n'y ayant que fort peu d'endroits de son revêtement qui soit bien fini ; le tout ayant été bâti malproprement, et avec peu de soins, de moellons bruts, mal assis, sans cordon, ni aucune encoignure de pierre de taille. Toutes les embrasures et créneaux sont mal faits, sans terre-plein ni plate-forme, ni rien par le dedans qui en ait figure ; tous les bâtiments petits, écrasés, mal faits et bâtis très négligemment, ce qui m'a fait penser, malgré moi, que ceux qui se sont mêlés de la conduite de ces ouvrages, avaient été ou de parfaits ignorants, ou des paresseux qui n'y allaient pas, pour ne pas dire pis, car on ne peut avoir poussé la négligence plus loin.

« Le débarquement est nul, c'est-à-dire qu'il n'y a rien qui puisse aider, et les fermetures de son fort sont peu sûres, mal faites, et bien au-dessous de celles d'une bonne gentilhommière de campagne. »

Parmi les améliorations que demandait Vauban, et qui font l'objet de trente-trois paragraphes d'un mémoire qu'il rédigea à cette occasion, il faut citer la construction de deux débarcadères en des points qu'il spécifiait, et d'une quatrième tour au château. Il voulait cette tour voûtée, à deux étages « dont le bas pour un magasin à poudre, et le haut pour les logements ou pour un autre magasin de munitions sèches. » L'armement de l'île reconnu insuffisant aurait eu besoin d'être porté à 30 bouches à feu approvisionnées chacune à 200 coups. De plus, en raison des difficultés de ravitaillement, le célèbre ingénieur prévoyait des vivres pour trois mois. « Moyennant cela, concluait-il, il est sûr qu'il n'y aura point de place, dans le monde, plus aisée à défendre que celle-là, ni moins en état de pouvoir être forcée. »

En 1707, Paul III de Fortia se retira et céda son gouvernement à son fils aîné, Louis-Alphonse de Fortia, marquis de Pilles. Treize ans après, l'île d'If fut le théâtre d'un drame épouvantable. La peste, qui décimait la population marseillaise et inspirait les sublimes dévouements que l'on connaît, fut apportée au Château par le bateau qui, deux fois par semaine, assurait le service des vivres. Pour comble de malheur, on oublia les jours suivants de renouveler les provisions. Le batelier était mort, et la garnison, déjà frappée par le fléau, eut encore à supporter toutes les tortures de la faim. Lorsque les communications furent rétablies, deux mois après, on ne trouva dans l'île qu'une vingtaine de moribonds sur cent cinq soldats qu'elle comptait au début. Cinq prisonniers sur sept avaient aussi succombé. Le commandant du fort, son lieutenant, l'aumônier et le médecin comptèrent au nombre des victimes. Les deux prisonniers qui survécurent s'appelaient Amédée Duris et Pierre Riccoli ; ils avaient été enfermés sur la demande de leurs parents. Il faut remarquer qu'à partir du XVIIe siècle, le Gouverneur de l'île d'If ne commandait pas effectivement et n'habitait pas la forteresse. Il était remplacé par un officier qui s'occupait de tous les détails du service et, en particulier de la nourriture des prisonniers. Vers 1760, le commandant du Château d'If était le chevalier de Gallifet ; il fut remplacé en 1764 par M. de Montenault qui, lui-même, eut pour successeur, en 1770, le chevalier d'Alègre. Ce dernier était encore en fonctions en 1790.

Louis-Alphonse de Fortia mourut le 8 juin 1729. Alphonse-Toussaint-Joseph, duc de Fortia, son fils, lui succéda. Sous son gouvernement, en 1765, les habitants de l'île furent témoins d'une singulière aventure qui amusa fort, pendant plusieurs jours, toute la ville de Marseille. Nous avons vu que le duc de Guise avait commencé un fort dans l'île de Ratonneau ; cet ouvrage, achevé plus tard, avait reçu comme garnison une dizaine d'hommes parmi lesquels se trouvait un certain Jean Gourrin, dit Francœur, qui avait donné quelques signes de démence mais que l'on croyait peu dangereux.

Dans le désœuvrement et la solitude, les idées de

Jean Gourrin se troublèrent fortement. Des rêves d'ambition, des pensées de gloire traversèrent son cerveau et il n'aspira à rien moins qu'à la possession d'un sceptre. L'île de Ratonneau devait être son royaume. Un jour, Francœur était de garde. Ses camarades étaient sortis du fort pour aller aux provisions ou sur le bord de la mer et il parut au pauvre fou que le moment était venu d'exécuter son projet. En un clin d'œil, il laissa tomber le trébuchet du pont-levis, courut au magasin à poudre, rangea toute la mousqueterie sur les remparts et ouvrit le feu sur quiconque se présentait. Les camarades de Francœur, frappés d'étonnement, durent, bon gré mal gré, se résigner à passer dans une barque et à fuir au plus vite vers Marseille.

Jean Gourrin, tout puissant, eut alors des vélléités de conquête. Il braqua ses canons sur le Château d'If et lui envoya des boulets. Le commandant, fort étonné, crut devoir se défendre et le feu ne cessa que lorsqu'un bateau, venu de Marseille, eut renseigné la garnison sur l'ennemi qu'elle combattait. Francœur, de son côté s'empressa de rester tranquille.

Le roi de Ratonneau n'avait, pour toutes ressources qu'un troupeau de chèvres dont le gardien avait aussi pris la fuite. Un navire hollandais qui louvoyait pour entrer à Marseille ayant passé près de son île, il le canonna et lui demanda des vivres. Le capitaine de ce navire crut, de bonne foi, que la guerre était déclarée entre la France et la Hollande. Il débarqua un tonneau de vin, du lard et du biscuit. Puis il vira de bord et, fort heureux d'en être quitte à si bon compte, retourna d'où il était parti.

Quelques jours s'écoulèrent ainsi. Francœur avait

l'habitude de sortir toutes les nuits, un fanal à la main, pour faire une visite de ses postes. On le remarqua et ce fut là sa perte. Le duc de Villars, gouverneur de Provence, prévenu par le commandant du Château d'If, désigna quelques hommes pour aller s'emparer de Jean Gourrin. L'opération eut lieu, par une pluie battante, dans la nuit du 3 au 4 novembre, et réussit entièrement. Francœur fut saisi à bras-lecorps, par un pêcheur du quartier Saint-Jean nommé, Gamay, au moment où il franchissait le pont-levis du fort pour commencer sa ronde habituelle. Il ne fit d'ailleurs aucune résistance.

« Braves gens, se bornait-il à dire à ceux qui l'arrêtaient, c'est bien, c'est la loi des combats ! Le roi de France est plus puissant que moi ; il a de bonnes troupes, je me rends, amis, je veux les honneurs de la guerre. Laissez-moi emporter mon sac et ma pipe. » Cette satisfaction fut donnée à Francœur qui traversa Marseille, le lendemain, dans l'attitude d'un triomphateur. On lui assigna pour palais l'hôpital des fous.

Jusqu'en 1879, aucun fait saillant ne marque dans l'histoire du Château d'If. Mais, au lendemain du 14 juillet, le peuple de Marseille en ouvrit les portes et 23 prisonniers furent rendus à la liberté. Six de ces prisonniers n'étaient détenus que sur la demande de leurs parents ; ils restèrent libres. Les 17 autres, qui étaient des prévenus de droit commun, furent repris pour être jugés.

En 1791, un incendie, allumé peut-être par un détenu qui espérait en profiter pous s'évader, se déclara subitement dans un cachot rempli de paille. Les dégâts furent insigifiants, mais quatre prisonniers, condamnés aux galères, furent asphyxiés par la fumée.

A partir de 1791, on avait installé au Château d'If un détachement d'invalides commandés par un lieutenant. Cet officier, appelé de Belport, fut dénoncé, au mois d'avril 1793, à la municipalité de Marseille, par un de ses subordonnés, le sergent Huguet, qui le signalait comme aristocrate, et terminait sa lettre par ces mots : « Ainsi, citoyens, le sergent Huguet vous a obtempéré la vérité, qui doit être écrite en feu dans le cœur de tout citoyen français ; vous en tirerez les conséquences prépondérantes. » Ces conséquences furent l'envoi au Château d'If, avec le titre de commandant, d'un énergumène, le citoyen Charabot, ancien officier bleu de la marine royale. Le lieutenant et son nouveau chef n'étaient pas faits pour s'entendre. Sous un prétexte futile, de Belport fut mis aux arrêts; le jour même où ils prenaient fin, Charabot, qui avait vainement réclamé son renvoi, alla le trouver et le provoqua en duel. Celui-ci eut lieu devant l'entrée du Château, en présence de tous les soldats, et le malheureux lieutenant, percé de part en part, s'affaissa inanimé. Charabot le fit enterrer dans un petit jardin qui se trouvait à la partie sud de l'île.

Au mois de juin de la même année, des commissaires furent désignés par les sections de Marseille pour la vérification et la surveillance des forts et batteries de la côte et de la rade. Du rapport qu'ils rédigèrent à cette occasion, il résulte que l'île d'If était défendue par huit batteries, servies par une garnison de canonniers de la garde nationale relevée tous les quinze jours. Depuis 1588, le donjon servait

L'île du Château d'If en 1809, vue du côté Est

de prison d'Etat. Les commissaires y trouvèrent 58 détenus dont ils demandèrent le transfèrement dans une autre prison, sur la terre ferme. « Nous croyons, disaient-ils dans leur rapport, qu'en cas d'attaque, la moindre introduction de quelque anarchiste dans le fort pourrait faire tenter l'ouverture des prisons et répandre les criminels dans l'île, où la garnison aurait à combattre les ennemis extérieurs et intérieurs ».

Sous le régime de la Terreur, un tribunal révolutionnaire fut peut-être installé dans une des salles du château. Après le 9 thermidor, tous les détenus furent élargis et remplacés par des républicains. On sait d'ailleurs avec quelle passion Marseille embrassa la cause royaliste et à quels excès la population se porta, avant que l'armée des Carteaux se fût emparée de la ville.

En 1800, pendant que l'armée française, rapatriée d'Egypte, subissait sa quarantaine dans la rade du Frioul, le corps embaumé de Kleber, ramené en France, fut déposé provisoirement dans un cachot du Château d'If. Il y resta jusqu'aux dernières années de la Restauration et fut alors triomphalement rendu à la ville de Strasbourg qui lui fit des funérailles magnifiques.

Jusqu'au retour des Bourbons, on manque de renseignements précis sur les événements qui se passèrent dans l'île.

Après les Cent-Jours, le Château d'If fut occupé par une garnison anglaise qui le garda du 14 juillet au 4 décembre 1815.

A son départ, la défense de la place fut assurée par un bataillon d'infanterie, qui détachait quelques hommes dans les îles de Pomègue et de Ratonneau.

En 1839, diverses réparations furent effectuées aux parties les plus dégradées des murailles. Depuis lors et jusqu'en 1872, le Château d'If a constamment servi de dépôt provisoire des émeutiers et prisonniers politiques. En 1848, après les journées de juin, en 1851, après le Coup d'Etat, en 1871, après les affaires d'avril, les cachots se remplirent de détenus.

Du 11 décembre 1851 au 23 avril 1852, en particulier, 304 personnes, la plupart de profession libérale, furent internées au Château d'If en attendant leur comparution devant les Commissions mixtes. Plusieurs d'entre elles occupèrent leur captivité à couvrir d'inscriptions les pierres de la forteresse, imitant du reste, en cela, les prisonniers de 1848 qui les avaient précédées. On lit, en particulier, dans la cour du donjon, à droite de la porte d'entrée, au-dessous d'un autel sur lequel une femme dépose une couronne, et qui porte la date 22-23 juin 1848 : *Mânes des courageux martyrs de la Démocratie, reposez en paix.* Mais toutes ne se contentaient pas de graver des devises. Quelques exaltés rêvaient aussi de recouvrer leur liberté, fût-ce au prix de leur sang, et on rapporte qu'au mois de mars 1852, un complot, terriblement dangereux, fut tramé dans la tour de la poudrière, dite aussi de la Pistole. On devait y attirer le commandant du fort et le gardien, les enfermer ou les assassiner, s'emparer des clefs et ouvrir toutes les portes. Si le complot réussissait des bateaux devaient accourir, à un signal donné, et recevoir les évadés; s'il échouait, des précautions avaient été prises pour pénétrer dans la poudrière et la faire sauter. Or, il s'y trouvait 48.000 kilogrammes de poudre et des projectiles de toutes sortes ! Le complot avorta, fort heureusement, la veille même du jour fixé pour son exécution. Quelques prisonniers ne voulurent à aucun prix d'une liberté si pleine de périls, et finirent par triompher de l'obstination de leurs camarades.

Le commandant du fort ne fut prévenu que beaucoup plus tard, lorsque toutes les traces de la tentative d'évasion eurent disparu.

Depuis 1882, le Château d'If a perdu toute valeur au point de vue militaire; son armement, qui était de dix canons, a été supprimé; à peine si durant la grande guerre une plate-forme dressée à l'Est de l'île fut dotée d'un canon de 75 contre sous-marins et surmontée d'un grand mât à signaux.

LES PRISONNIERS

De 1588 à 1872, pendant près de trois siècles par conséquent, le Château d'If a renfermé des détenus appartenant à toutes les classes de la société. A côté de prisonniers de distinction, qui ne devaient leur internement qu'à des raisons politiques ou de famille, se sont trouvés, plus d'une fois, de redoutables malfaiteurs. Les uns et les autres étaient distribués dans 17 cachots prenant jour sur le préau du donjon. Cinq cachots sont au rez-de-chaussée et douze au premier étage. Un étroit escalier les relie et vient aboutir à une galerie.

« Deux des cachots du rez-de-chaussée, dit Etienne, ont inspiré à Alexandre Dumas un émouvant chapitre de roman dans lequel il a condamné deux de ses héros, Edmond Dantès et un certain abbé Faria, à passer au Château d'If, l'un quatorze et l'autre dix-huit ans de leur existence. La voûte de la cellule affectée au premier par le romancier, — et que souvent le visiteur demande à voir, — est si basse qu'un homme d'une taille un peu au-dessus de la moyenne s'y tiendrait à peine debout. Elle ne peut être destinée qu'à servir de cellule de correction et cela pendant un temps très court que déterminent aujourd'hui les règlements sur les prisons. »

Quoi qu'il en soit, il est certain que l'abbé Faria et Edmond Dantès n'ont existé que dans l'imagination du plus fécond de nos écrivains. C'est du roman et de la légende mais pas de l'histoire. Mais, combien de gens préférent le roman à l'histoire ! Et les légendes n'ont-elles pas leur charme ?

Le détenu qui inaugura la prison du Château était un malfaiteur appelé Alberto del Campo. Cet individu, né dans les environs de Lodi et deux fois condamné à mort dans son pays, avait réussi à s'évader des prisons d'Italie et à se réfugier à Aix. Là, sous une robe de moine, il se retira dans un ermitage, d'où il ne sortait que pour aller secourir les malades. Ses effets religieux, la pitié et la dévotion qu'il affichait dans sa retraite, l'avaient rendu l'objet de la vénération publique et tel était l'aveugle enthousiasme de la population aixoise pour cet individu qu'on se plaisait à considérer comme un saint, que son portrait, tiré à un grand nombre d'exemplaires, s'est vendu à des prix élevés. Une circonstance, qui a surtout contribué à faire croire à sa puissance surnaturelle, c'est qu'il prédisait, à coup sûr, la mort ou la guérison des malades auxquels il prodiguait ses soins et ses touchantes consolations. On finit cependant par concevoir des doutes sur la conduite de cet homme et les soupçons firent bientôt place à la certitude que ce misérable empoisonnait ceux dont il avait prophétisé la mort. On l'arrêta le 4 décembre 1588, et on le conduisit, la nuit suivante, au Château d'If. L'instruction secrète, rapidement menée grâce aux révélations d'une Italienne, Margarita Sachetti, dont del Campo avait fait sa maîtresse, aboutit à une condamnation qui fut exécutée à Aix le 23 décembre de la même année. Alberto del Campo fut brûlé vif. Lorsque les flammes furent éteintes, le bourreau dispersa les cendres du criminel.

Ses dernières paroles furent, dit-on : « A peccato vecchio penitenza nuova ». Margarita Sachetti assista à l'exécution et fut fouettée publiquement par la main du bourreau. Elle fut ensuite conduite, par des archers, hors des limites de la Provence.

Jusque sous le règne de Louis XIII, et à l'exception du jeune de Beausset dont nous avons parlé au début, les captifs qui se succèdent dans les cellules du château sont des criminels de droit commun qui ne méritent guère, pour la plupart, de fixer l'attention.

La triste série des martyrs commença sous Richelieu. Un négociant de Marseille, nommé Bernardot, ayant été inculpé d'avoir tenu des propos contre le cardinal et approuvé les actes du Parlement, fut subitement enlevé, place Vivaux, au moment où il rentrait chez lui et conduit au Château d'If. Mis au secret le plus absolu, ce malheureux, désespéré de ne pouvoir informer sa famille de sa position, prit la douloureuse et énergique résolution de se laisser mourir de faim. Pendant dix jours consécutifs, Bernardot eut le courage d'écrire sur les murs de son cachot, à l'aide d'un morceau de charbon, la relation des tortures qu'il avait endurées. Le onzième jour ses forces lui manquèrent pour continuer ce funèbre mémoire et, tombé en défaillance, il ne tarda pas à rendre le dernier soupir. La grève de la faim n'est donc pas de nos jours une nouveauté.

Quelque temps après, le Château d'If reçut deux ecclésiastiques, dont l'un au moins devait être appelé à une assez haute destinée.

« Nous n'avons icy (à Aix), en fait de nouvelles, écrivait Peiresc à M. du Puy, prieur de Saint-Sauveur, le 13 juin 1634, que le retour de Mgr le Mareschal et la capture de deux Pères Minimes, nommez l'un le P. Davin, qui estoit provincial, et l'aultre, le P. Perrier, qui ont esté mis dans la forteresse du Chasteau d'If lez Marseille; ce dict-on, en vertu d'une commission du Grand Sceau, sans qu'on sçaiche les particularitez dont ils peuvent être accusez, si ce n'est que l'on juge bien que les intrigues des moyens et des divisions qui ont esté parmy eux pourraient bien y avoir contribué quelque chose. »

Nous n'avons pu découvrir non plus le motif qui valut à ces deux religieux d'être incarcérés au Château d'If. Il paraît du reste à peu près certain que leur détention fut de courte durée.

En 1638, un illustre prisonnier entra au Château d'If. Oubliant les relations politiques qui liaient la Pologne à la France, le prince Casimir, frère du roi Ladislas VII, céda aux propositions qui lui furent faites d'aller servir en Espagne contre les troupes de Louis XIII. Il eut le tort de prendre sa route par Gênes où de grandes fêtes furent données en son honneur et qu'il rendit fastueusement pour plaire à une jeune fille de la famille Doria. En l'espionnant habilement, le comte de Sabran, ambassadeur de France, ne tarda pas à connaître ses projets. Il en fit part au comte d'Alais, gouverneur de Provence, qui ordonna de le faire arrêter s'il mettait le pied sur le territoire français.

Le 4 mai 1638, le prince Casimir s'embarqua à destination de Barcelone. Il venait à peine de partir qu'il eut le mal de mer et se croyant perdu, il fit relâcher sa galère, d'abord à Savone, puis à Saint-Tropez. On le pria vainement de se rembarquer; non seulement il n'en voulut rien faire, mais encore il manifesta nettement son intention de se rendre à Marseille en chaise de poste. Son navire eut à le précéder dans les parages du Château d'If.

Le lieutenant du roi à Saint-Tropez, tout en ne sachant à quel personnage il avait affaire, fut surpris de la suite de seigneurs qui l'accompagnaient. Il en rendit compte au gouverneur de Provence, qui, mieux informé, envoya Chantereine, capitaine de ses gardes, pour arrêter les voyageurs. Une chute de cheval, que fit le courrier du lieutenant du roi, ne permit pas à Chantereine d'arriver à temps. Le prince Casimir rejoignit sa galère et ordonna d'appareiller. Au bout de quelques instants, une violente tempête se déchaîna. Le capitaine de la galère voulait lutter contre le vent; le prince Casimir l'en empêcha et le força à revenir dans les eaux de l'île d'If.

Chantereine, un peu déconfit, venait d'aviser le

commandant du fort. Celui-ci manda auprès de lui
les passagers du navire, et sur leur refus d'obéir, il
fit braquer sur eux quelques pièces. Beaucoup
étaient d'avis de remettre à la voile et de braver les
menaces du gouverneur. Le prince Casimir préféra
descendre à terre avec tous les personnages de son
escorte, qu'il présenta, ainsi que lui-même, comme de
simples officiers polonais. Paul II de Fortia, parfai-
tement fixé, les retint prisonniers. Mais comme rien
ne distinguait le prince et que celui-ci se cachait, il
traita tout le monde avec beaucoup de modération.

Un seigneur obscur de Manosque, Jean de Gode-
froi, qui avait accepté de servir contre la France,
désigna par trahison le prince Casimir à Chantereine. Le capitaine des gardes lui communiqua alors
fort courtoisement une lettre du comte d'Alais qui
lui assignait pour demeure le palais archiépiscopal
de Salon. Le prince Casimir ne fut pas dupe, mais il
fut bien forcé d'obéir. Il partit le lendemain pour
Salon, d'où on le transféra à la citadelle de Sisteron
et, plus tard, au donjon de Vincennes. Ses compagnons furent tous relâchés.

Vingt-deux ans après, les portes de la forteresse
s'ouvrirent encore pour se refermer sur deux hommes
dont le seul crime était d'avoir témoigné de l'amitié
à une victime de la politique de Louis XIV. La ville
de Marseille, bien que réunie à la couronne, jouissait
de certaines prérogatives dont elle se montrait ja-
louse à bon droit. Elle choisissait elle-même ses consuls, ce qui ne pouvait que déplaire au roi de France.
Mazarin, interprétant la volonté de Louis XIV, voulut
les faire nommer par ordonnance royale. Cette prétention, à laquelle se joignirent plusieurs autres su-

jets de mécontentement, amena une certaine effervescence dont on profita pour donner le commandement de la ville au gouverneur du Château d'If, Paul de Fortia.

Un jeune seigneur, de Glandevès de Niozelles, s'était fait remarquer par son opposition aux volontés de la Cour. Mandé à Lyon auprès du roi, avec les consuls et quelques autres magistrats de la ville, il refusa de se mettre à genoux devant Louis XIV et revint à Marseille. Poursuivi pour crime de lèse-majesté, de Glandevès fut condamné à avoir la tête tranchée ; ses biens furent confisqués, sa maison rasée et, sur l'emplacement, on bâtit une pyramide destinée à perpétuer le souvenir de sa rébellion.

De Glandevès avait eu le temps de se soustraire à l'exécution du jugement qui le frappait. Les moines d'un couvent de frères-quêteurs, situé à l'endroit où se trouve aujourd'hui la place Castellane, l'avaient recueilli avec trois ou quatre personnes qui avaient tenu à partager son sort et caché dans un caveau dont le soupirail était masqué, pendant le jour, par une planche recouverte de fumier. Au nombre des compagnons du condamné se trouvaient les deux frères Serres. Lorsque de Glandevès eut réussi, non sans peine, à passer en Espagne, ils crurent pouvoir sortir de leur retraite. Arrêtés par ordre du duc de Mercœur, gouverneur de Provence, ils furent envoyés au Château d'If. Ils n'y restèrent que quelques mois. Paul de Fortia s'intéressa à leur sort et le duc de Mercœur leur fit grâce, mais l'un des deux frères, le plus jeune, ne profita pas de sa liberté. Entré malade au Château d'If, il n'en sortit que mourant.

Trois ans après, à la suite d'une insulte faite par

des soldats corses de la garde pontificale aux domestiques du duc de Créqui, ambassadeur de France à Rome, Louis XIV envoya des troupes en Italie et fit mettre la main sur le Comtat-Venaissin. Gaspard de Lascaris, vice-légat du pape, fut invité à sortir d'Avignon et se soumit d'assez bonne grâce à cette mesure, mais quelques prêtres se plaignirent en chaire et parlèrent à la fois contre le Parlement de Provence et contre le roi. Le duc d'Oppède, gouverneur de Provence, en fit arrêter six et les incarcéra au Château d'If. Le pape ayant fait sa soumission, Louis XIV rappela ses troupes et fit évacuer le Comtat. Les six prêtres prisonniers retournèrent à Avignon, au mois d'août 1664, après une captivité de quelques semaines.

Un personnage aussi célèbre que mystérieux, *l'homme au masque de fer*, peut avoir occupé une des cellules de la forteresse. Enfermé, dit-on, en 1686, il en sortit peu de jours après pour être conduit à l'île de Sainte-Marguerite. Il était accompagné du gouverneur de la Bastille, M. de Cinq-Mars.

Le 23 août 1774, entra au Château d'If celui qui devait être le grand orateur de l'Assemblée Constituante, Gabriel Honoré de Riquetti, comte de Mirabeau.

En peu d'années, Mirabeau avait fait d'assez nombreuses dettes qu'il ne parvenait pas à payer. Son père, le vieux marquis de Mirabeau, « un oiseau hagard nourri entre quatre murailles », comme il se qualifiait lui-même, et, qui, dans le courant de sa vie, avait obtenu 52 lettres de cachet contre les siens, l'exila, en 1772, à Manosque, après l'avoir marié à Mlle de Marignane.

Mirabeau avait 23 ans ; sa femme, élevée à Paris, était encore plus jeune, et rêvait de grandeurs que les ressources de sa dot ne pouvaient guère satisfaire. La désunion se mit dans le ménage ; une fâcheuse histoire de rivalité survint et le marquis de Mirabeau en profita pour faire emprisonner son fils au Château d'If. Il y resta jusqu'au 23 février 1775, et en sortit pour être conduit au fort de Joux. C'est pendant sa captivité au Château d'If que Mirabeau termina son *Essai sur le Despotisme*.

En même temps que Mirabeau, se trouvaient dans la forteresse une trentaine de prisonniers. Trois d'entre eux étaient simplement détenus parce qu'ils étaient mariés à de jolies femmes « entretenues par des hommes riches et puissants ».

« Six prisonniers, écrivait Mirabeau, m'ont paru d'assez mauvais sujets, l'un desquels, plutôt fou que pervers, était détenu par un proche parent qui vivait publiquement avec la fille du prisonnier. Tous les autres, excepté un malheureux vieillard, ancien armateur dont la fille était hautement protégée par l'intendant ou les siens, étaient jeunes, simples et sans expérience. Beaucoup avaient de l'esprit naturel et du talent »

Après Mirabeau, les portes de la prison du Château d'If se refermèrent sur un jeune prêtre, l'abbé Peretti, accusé d'avoir séduit une jeune fille, Clémence de B.... qui accoucha dans la rue, pendant la nuit, à proximité de la place de Lenche. Incarcéré en raison de ce scandale, l'abbé Peretti fut libéré le 23 juillet 1789. Il partit plus tard comme volontaire, devint officier et fut fusillé en Vendée pour être passé dans le camp des Chouans.

Deux malfaiteurs de la pire espèce, les frères Paul et Louis Martel, nés à Evenos, près d'Ollioules, furent à peu près vers la même époque emprisonnés au Château d'If pour divers assassinats et vols à main armée, commis sur la grande route de Marseille à Toulon. Ils furent condamnés à mort et exécutés à Aix.

Au moment où, à Marseille, les idées nouvelles commençaient à agiter les esprits, et, où, pour les enrayer, les prisons regorgaient de détenus par ordre du grand prévôt Bournissac, représentant de l'autorité royale, l'un de ceux qui encombraient alors les cachots du Château d'If, le nommé Jean Chauvet, garçon perruquier, exaspéré du traitement rigoureux dont il était victime, assassina avec un clou un porte-clefs appelé Durand. Jugé immédiatement et condamné à la peine de mort, on le pendit sur la partie du rempart qui fait face à la côte d'Endoume.

Un autre détenu, François Bunel, marin, se pendit lui-même de désespoir au crochet de fer de la poulie d'une citerne.

On a dit que Louis-Philippe d'Orléans, dit Egalité, avait été enfermé au Château d'If. Il n'en est rien et sa détention fut entièrement subie d'abord au fort de Notre-Dame-de-la-Garde, puis au fort St-Jean.

Nous avons dit qu'un tribunal révolutionnaire avait peut-être tenu ses séances dans une des salles de la forteresse. La tradition sur laquelle on s'appuie à défaut d'autres preuves plus certaines, ne donne pas à son sujet d'autres détails.

Après le consulat, au mois d'août 1804, arriva au Château d'If un ancien officier nommé Lajolais, qui avait été compromis avec Georges Cadoudal et Pichegru et comme eux condamnés à mort pour avoir formé le projet d'attenter aux jours de Bonaparte. Le premier Consul lui avait fait grâce et commué sa peine en quatre années d'emprisonnement dans une forteresse de l'Etat. Lajolais resta au Château d'If jusqu'en 1808 et mourut d'une maladie de langueur la veille même du jour ou il devait être libéré.

Un autre conspirateur, le marquis de Rivière, ne fit que passer au Château d'If. La peine de mort à laquelle il avait été condamné en même temps que Lajolais, fut remplacée par le banissement.

Cinq mois après Lajolais et toujours pour les mêmes causes, le chevalier d'Hozier, ancien page de Louis XVI, le major suisse de Roussillon et un autre personnage nommé Rochelle, furent emprisonnés dans la forteresse. Ils y entrèrent au mois de décembre 1804 et n'en sortirent que le 15 avril 1814, à l'avénement de Louis XVIII.

Le jour de leur mise en liberté, la population marseillaise voulant témoigner ses sympathies à ces nouveaux Latudes, se réunit en masse sur le quai où ils devaient débarquer et les porta en triomphe.

Parmi les criminels qui, sous le Consulat, furent enfermés au Château d'If, il convient de citer le chef de bande André Fayet et neuf de ses complices. Poursuivis pour différents vols à main armée commis sous couleur politique, dans les campagnes et sur les grandes routes des environs de Toulon, tous furent condamnés à dix ans de détention : quatre d'entre eux moururent en prison ; les autres furent graciés au commencement de l'Empire.

En 1808, cinq déserteurs détenus au Château d'If, assassinèrent un guichetier nommé Tisté. Ils s'appelaient Jean Laconneau. Pierre Rigaud, Michel Monti, Paul Revertégat et Jérôme Bellut. Les quatre derniers furent fusillés sur l'Esplanade de la Tourette. Laconneau fut gracié pour avoir fait certaines révélations.

Pendant la guerre d'Espagne, au mois d'août 1810,

L'île du Château d'If vue du côté Ouest

Napoléon avait également emprisonné au Château d'If deux personnes qui contrariaient sa politique dans la péninsule, le chevalier De Ballesteros, premier chambellan du roi Charles IV, et Lahoru consul d'Espagne à Bayonne. Il ne leur rendit la liberté qu'en 1812.

On sait qu'en 1813 une partie de la garde d'honneur de Napoléon, formée de jeunes gens appartenant à la noblesse, avait projeté de l'assassiner pendant une bataille et de passer à l'ennemi. Le complot fut découvert et 32 conjurés allèrent en prison en attendant d'être jugés. Le Château d'If en reçut huit, parmi lesquels : De Lacarre (Henri), Leboucher, De Martigny, De Launay et De Nays de Candau. Ils furent délivrés le 15 avril 1814, en même temps que le chevalier d'Hozier et ses deux compagnons.

Un autre personnage, l'abbé Desmazures, mis en prison en 1810 pour avoir entretenu des relations avec l'Angleterre et combattu le gouvernement impérial dans des prédications restées fameuses, fut tranféré au Château d'If, le 11 mars 1814, par ordre de Napoléon. Il recouvra sa liberté le même jour que les précédents et partagea, par conséquent, les honneurs de leur triomphe.

On pourrait citer encore parmi les prisonniers du Château d'If sous l'Empire : l'anglais Heimann, espion de son pays ; un romain Diches, accusé d'avoir mis le buste de Louis XVI dans son jardin ; De la Grimaudière, qui avait formé le projet d'assassiner Napoléon dans son bain ; Cadet Vincent, employé dans la police secréte à Paris. etc.

Sous la Restauration, pendant que Napoléon était à l'île d'Elbe, la volonté de M. d'Albertas, préfet des Bouches-du-Rhône, envoya au Château d'If plusieurs officiers en demi-solde et parmi eux le chef d'escadrons Capo Bazire, qui était allé trouver l'empereur. D'autres personnes de condition plus obscure y entrèrent aussi. Il faut citer : Chandelier (Jean-Louis), aide cuisinier ; Boccarel (Adolphe), serrurier ; Reynaud (Jean) maçon et Giraud (Pierre), menuisier. Après le 20 mars 1815, le comte Frochot, nommé préfet en remplacement de M. d'Albertas fit ouvrir les portes du Château à ceux des prisonniers qui n'étaient coupables que de leur attachement à Napoléon. Mais après les Cent-Jours, les emprisonnements recommencèrent et parmi ceux qui furent victimes de la réaction se trouvèrent alors deux commissaires de police : Gobet et Jouve.

On a prétendu que M. de Lavalette, ministre des finances sous Louis XVIII, aurait été enfermé dans la forteresse. Il y a là une grossière erreur.

La série des prisonniers connus fut close pour trente-deux ans par l'incarcération d'un fanatique appelé Boissin, qui avait blessé le général Lagarde sur les marches du temple protestant de Nimes. Arrêté le 29 juillet 1816, Boissin ne fut pas mis en jugement et sortit du Château d'If, le 9 septembre de la même année. Le général Lagarde lui-même avait demandé sa mise en liberté.

L'émeute du mois de Juin 1848 repeupla les cachots du Château d'If.

Le décret du 2 mars du gouvernement provisoire, qui fixait la journée de travail à dix heures pour Paris et onze heures pour la province, avait été accueilli avec une extrême défaveur par les ouvriers de Marseille. Pour calmer leur mécontentement, M. Emile Ollivier, alors préfet des Bouches-du-Rhône, avait pris, en vertu des pouvoirs illimités dont il était investi, un arrêté qui réduisait à dix heures la journée de travail pour Marseille. Le grief ainsi satisfait, toute cause de désordre semblait écartée lorsqu'arrivèrent des volontaires, dits Parisiens, enrôlés pour soutenir la cause de la révolution italienne. Ces hommes devaient franchir la frontière, mais le consul général de Sardaigne refusa de viser leurs passe-ports et ils restèrent à

Marseille. où ils furent l'objet de tumultueuses manifestations de la part des clubs exaltés. C'est ainsi que, le 18 juin, un groupe de cinq ou six cents hommes envahit la préfecture sous prétexte d'améliorer la position peu fortunée des volontaires, mais en réalité pour en chasser le préfet. La bonne contenance de celui-ci fit échouer la manifestation et, le 21, la majeure partie des Parisiens quitta Marseille. Les meneurs recoururent alors à une autre voie et cherchèrent à exciter les ouvriers en invoquant que l'arrêté du préfet relatif à la durée de la journée de travail ne serait pas sanctionné par l'Assemblée Nationale.

Le 22, vers 9 heures du matin, un millier d'ouvriers sans armes apparentes descendirent tumultueusement de la gare, où la plupart travaillaient et, par la rue Noailles et la Cannebière, s'engagèrent dans la rue St-Ferréol. L'autorité, prévenue de leurs dispositions hostiles avait fait garder la Préfecture. Des pourparlers furent engagés sur la place Saint-Ferréol, entre le commissaire central et les manifestants mais ils n'eurent aucun succès. Le commissaire et les personnes qui l'accompagnaient furent refoulés sur la troupe qui, se croyant menacée, croisa la baïonnette. Dans ce mouvement, un ouvrier, nommé Audibert, fut blessé à la poitrine. Des pavés furent lancés sur les soldats et un détachement du 20ᵉ léger, sous la conduite du capitaine Devilliers, reçut l'ordre de dégager la place. La foule bruyante fut ainsi repoussée jusqu'à hauteur de la rue Grignan. Là, un premier essai de barricade fut tenté par les manifestants, mais quelques gardes nationaux en dispersèrent les matériaux.

Les ouvriers, de plus en plus irrités, se répandirent alors dans les rues voisines en criant : *Aux barricades*. La rue de Rome, la rue Deuxième Calade, aujourd'hui rue Estelle, et la rue de la Palud furent immédiatement coupées ; on les déblaya ; trois ouvriers furent tués dans la rue de Rome et l'agitation ne fit que s'accroître.

Vers 10 heures, les émeutiers, un moment indécis, se divisèrent : les uns se portèrent vers la place Castellane et les autres, beaucoup plus nombreux, vers celle de la République. La garde nationale avait pris les armes, mais une partie s'était jointe aux émeutiers, ce qui compliquait la situation.

La collision, que tout le monde prévoyait, commença sur le cours Saint-Louis. Un capitaine, plusieurs autres officiers et une vingtaine de soldats furent blessés devant ou à l'intérieur du café Puget. Le général Ménard Saint-Martin, qui commandait les troupes de ligne, fut atteint d'un coup de feu en essayant encore une fois de calmer l'effervescence. Le capitaine Robuste, de l'escorte du général, reçut une balle en pleine poitrine et s'affaissa pour ne plus se relever.

Dans la Grand'Rue, le capitaine Devilliers fut tué en enlevant une barricade; de nombreux soldats tombèrent blessés. A la place aux Œufs et à la place Castellane, on se battit jusqu'au soir. La nuit venue le feu cessa et l'attaque des barricades qui n'avaient pas été prises fut renvoyée au lendemain.

Le 23, arrivèrent à Marseille des renforts de troupes de ligne fournis par les garnisons d'Avignon et d'Aix. A 5 heures du matin, trois colonnes furent formées pour cerner la place Castellane et à six heures, après les sommations voulues, les barricades furent emportées. L'insurrection vaincue essaya, sans y parvenir, de tenir encore dans les maisons; peu à peu, l'ordre fut rétabli et les émeutiers se dispersèrent. Paul Menier, Dominique Ricard, Joseph-Alexandre Perrin, Sébastien Carbasse et Joseph Bellissen, les trois premiers capitaines et les deux autres sous-officiers de la garde nationale, pris les armes à la main, furent envoyés au Château d'If comme coupables d'être passés avec leurs hommes parmi les insurgés.

On y conduisit également François Aibot, Jean Aldebert, François Soulier, Jean-Jacques Arnaud, Joseph Arib, Antoine Aymon, Basile Aymon, Julien Bailleux, Jean-Antoine Barrelle, Jean-Baptiste Barrère, Jean Blanc, Nicolas Blanc, Honoré Bonnaud, François Borciat, Michel Bouchereaux, Georges Bujersdorfer, Louis Casadidio, Louis-Eugène Couturat, Jean Cros, Etienne Dalmas, Darius Derossi, Pierre Dutto, Joseph Fauroux, Vincent Girard, Alexandre Girard, Antoine Guigue, Joseph Honoré, Théodore Lautier, Alexandre Laugier, Joseph Merle, Rodolphe Moreau, Jean Mellino, Pierre Nada, Louis-Marie Frévost, Fortuné Rue, François Ronjon, Marius Trotebas, Jean Udron et Jean Vayri, tous de la garde nationale, Théophile Aubert, Auguste Delaporte, Marc Delon, Alphonse Emperaire, Lazare Fabre, Dominique Fenel, Marius Gardenti, Jean-Pierre Giraud, Louis Juge, Jean-Léon Laudière, Théophile Maillet, Jean-Baptiste Marnet, Henri Martin, Joseph Martin, Marius Mérentié, Eugène Léon, Antoine Sauvaire, Michel Ordant, Jacques Parat, Nicolas Peget, François Peille, Edouard Pepiton, Louis Poisson, Laurent

Le débarcadère Ouest du Château d'If

Rochetin, Jean Saintuperi, Eugène Sevin, Romain Simian, Hippolyte Viton, Michel Balojat, Henri Bayard, Adolphe Bellet, Jean-Guillaume Bontemps, Louis Cadenel, Jacques-Louis Caron, Alphonse Deleyderier, Jean Expilly, Désiré Job, Henri Lagraffé, Bruno Lange, Pierre Laurent, Etienne Curnier, Jean Verlin, Léopold Monachon, François Estermann, Alexandre Isoard, Eugène Maury, Léon Maury, Adrien Ruffel, Gustave Blanc, Joseph Bonhomme, Auguste Boutonnet, Ferdinand Bussy, Joseph Sébastien, Alexis Chuit, Alphonse Sécuirot, Antoine Guigue, Antoine Lavigne, Joseph Pomme, Joseph Ravel, Jean Vandelli, Auguste Aeschlimann, André Berthet, Pierre Escalup, Nicolas Girardet, Pierre Lau-Thibert, Armand Touchet, Alexandre Allègre, Félix Barthélemy, Jacques Bellemain, Joannis Bertaud, Pascal Blanchet, Adolphe Bonnet, Jean-Baptiste Chollet, François Girard, Higonel Giraud, Louis Gouge, Louis Jouve, Sylvestre Latour, Lazare Lévy, Marc, Antoine Martignan, Alexandre Molinard, Alexandre Masson, Jean-Pierre Meille, Joseph Meiffret, Pierre Milani, Joseph Noyer, Jean-Louis Petit, Pierre Philippeau, Célestin Pipet, Charles Rossi, Jacques Sorro, Emile Surreau, Louis Teste, François Turcan, François Vivien, Antoine Fregy, Jean-Baptiste Pradeau, Claude Tirel et Joseph Schaffausen, soit, au total, près de 150 personnes qui furent jugées, un an après par la Cour d'assises de la Drôme. Quatre-vingts furent acquittées ; les autres furent condamnées à des peines diverses, depuis la déportation jusqu'à un an de prison.

Des ordonnances de non-lieu furent rendues en faveur de 261 personnes qui entrèrent aussi au Château d'If, mais qui n'y firent, pour la plupart, qu'un séjour de peu de durée. De nombreux prisonniers de 1848 ont gravé leurs noms sur les dalles de la terrasse du donjon. On lit au hasard ceux de Job, Cros, Turcan, Viton, Delaporte, Antoine, Trotebas frères, Bailleux, Maury frères, le démocrate Escalup, Nada, Aeschlimann, D. Fenel, démocrate, L. Blanc, A.-N. Blanc, D. Ricard, capitaine aux tirailleurs, Berthet de Lyon, Kym Edomard, peintre suisse, Hugues, Chavoret, Delorieu, Mangiardi, Plan, Olivier, Mingat, Pingeon Louis, etc. Une dalle porte l'inscription : Goumand, 16 décembre 1851; une autre : Dunand, suisse, 4 avril 1871.

Nous avons dit que le coup d'Etat du 2 décembre 1851, envoya également au Château d'If plus de 300 personnes. Les Commissions mixtes, qui furent appelées à les juger, en condamnèrent un assez grand nombre à la déportation dans une enceinte fortifiée, mais il ne nous a pas été possible d'en connaître les noms. C'est à peine si nous pouvons citer : Louis Ridard, ouvrier chapelier, Etienne, ex-professeur de Droit romain à Aix; Barthélemy Chabaud, Terrail et Joseph Mussou, cordonnier.

Les conséquences du coup d'Etat se firent peu sentir à Marseille. La plupart des prisonniers qui furent enfermés au Château d'If provenaient des départements voisins. Le 15 décembre, un convoi de 154 détenus arriva des Basses-Alpes.

Après la journée communiste du 4 avril 1871, qui ensanglanta les rues de Marseille, de nombreuses arrestations furent encore opérées. Le 8, deux cent cinquante-quatre prisonniers, détenus à la gare du chemin de fer, furent transférés au fort Saint-Nicolas, et de là au Château d'If. Il se trouvait parmi eux un capitaine de la garde nationale, un tambour-major, quatre officiers garibaldiens et un notaire des environs de Marseille. Progressivement, le nombre des prisonniers s'éleva à 513, dont quatre femmes. Les chefs du mouvement insurrectionnel étaient l'avocat Gaston Crémieux, qui s'était nommé président de la Commission départementale, l'ex-caporal Pélissier, improvisé général de division et qui, lui-même, avait pris pour aide de camp le teinturier Gavard, et l'ex-conseiller départemental Auguste Etienne, surtout coupable d'avoir prononcé, le 23 mars, la déchéance du préfet, le contre-amiral Paul Cosnier. A côté d'eux, d'autres accusés, non des moins importants, se trouvaient aussi au Château d'If. On peut citer : Jean-Baptiste Duclos, Claude-Alexis Breton, Jean-Marie-Albert Nastorg, Joseph Martin, Henri Chachuat, Philippe Novi, Alexandre Bauche, Alphonse Ebérard, Honoré Augeard, Etienne Mille, Jean Hubert, Emmanuel Volaire, Henri Goyet, Charles Ballard, Pierre Blanc, Louis Balthazard, Pierre Barthélemy, David Bourbet, Frédéric Ollivier, Emile Drone, Emile Boissard, Etienne Vié, François André, Jean-Baptiste Sallo, Charles Paget, Auguste Joué, Charles Lauthier, Alexis Cathelain, Léopold Constant, etc. Et parmi ceux qui furent acquittés : Eugène Ducoin, Emile Bouchet, Gabriel Génétiaux, Joseph Hermet, Célestin Matheron, Auguste Sorbier, etc.

Le procès de la première série des insurgés d'avril, commencé le 12 juin, se termina le 28 par la condamnation de Gaston Crémieux, Auguste Etienne et Alphonse Pélissier à la peine capitale. Gaston Crémieux fut seul exécuté le 30 décembre 1871; Etienne et Pélissier eurent leur peine commuée en celle de la déportation dans une enceinte fortifiée. Des autres accusés, la plupart furent acquittés ou relâchés; le reste fut condamné à des peines diverses. Une quatrième condamnation à mort, prononcée le 2 août contre Roux, ex-commissaire spécial de police à la gare du chemin de fer, fut également commuée en celle des travaux forcés à perpétuité.

Les prisons du Château d'If, un instant désertes, se remplirent encore au commencement de 1872. On y interna provisoirement, en attendant leur envoi à la Guyane, un certain nombre d'Arabes qui avaient été condamnés pour participation à l'insurrection de 1871 en Algérie.

Depuis cette époque et jusqu'en 1914, aucun prisonnier n'a franchi les portes de la forteresse, devenue vers 1890 et par décision ministérielle, Caserne Kléber.

De 1914 à 1919, les bâtiments du Château d'If reçurent des prisonniers allemands et autrichiens civils ou militaires; vers la fin de la Grande Guerre on y interna également des détenus militaires français en instance de départ pour les bataillons d'Afrique.

Hélas, durant ces cinq dernières années, que de dégâts et de dépradations tant dans le célèbre donjon que dans les dépendances du Château d'If !

Et que de réparations il y aurait à effectuer pour remettre l'île en état de recevoir dignement les innombrables touristes, (1) qui viennent la visiter !

---

(1) Pour tous renseignements sur le tourisme en Provence, s'adresser au Syndicat d'Initiative, 2, rue Paradis, à Marseille. Téléph. 5-08.

Mais on s'en désintéresse complètement en haut lieu et l'Administration de la guerre,de laquelle dépend le Château d'If, se soucie fort peu de savoir si les escaliers qui conduisent au plateau sont praticables ou si certaines constructions menacent de s'écrouler ou sont en ruines.

M. Flaissières, sénateur-maire de Marseille, a bien songé à faire acquérir par la Ville l'îlot et ses dépendances pour y établir un musée, mais il s'est heurté à tant de difficultés soulevées par la Guerre, la Marine et les Ponts et Chaussées Maritimes — autant de Services aux cloisons étanches — qu'il a dû renoncer à son projet. Et l'ensemble du Château d'If continue à s'effriter, à se disloquer, à disparaître enfin, pierre à pierre, lentement mais sûrement, comme un pauvre malade dont nul ne s'occupe, que personne ne soigne .... C'est là encore un peu du patrimoine local — national même — qui s'en va, peu à peu, dévoré par le temps, par le vent et par la mer......

En attendant et malgré le peu d'attention dont on l'entoure, le Château d'If vit encore ; à défaut de la sollicitude des Pouvoirs Publics, il a celle des touristes et le grand nombre de Marseillais pour qui une visite à l'île est motif à une charmante promenade en mer,assure l'existence des braves marins qui montent soit les vapeurs soit les canots automobiles qui journellement font le va-et-vient entre le quai des Belges et l'ancienne forteresse.

Peut-être un jour songera-t-on à préserver le fameux donjon d'une désagrégation chaque année plus rapide. Mais ne sera-t-il pas trop tard ? A cette

tâche, en effet, l'initiative privée ne peut évidemment
suffire !

D'ailleurs, et comme l'écrivait récemment notre
excellent confrère Odysse Richemont, ne doit-on pas
s'étonner, — pour le moins, — que le Château d'If
ne soit pas encore classé ?... On sera, peut-être,
surpris qu'il en soit ainsi. Domaine de l'Etat —
alors qu'il devrait être propriété de Marseille —
l'Etat ne fait rien pour l'entretien du Château d'If.
L'Etat loue ce dernier, mais, mauvais propriétaire, il
se désintèresse, pour le reste, de l'île et du donjon.
Voilà cependant plus de deux ans que, sur l'initiative de notre ami M. Félix Gravier, la commission
des Sites des Bouches-du-Rhône, dont l'activité n'a
plus à être exaltée, a émis un vote bien appuyé en
faveur du classement du Château d'If : le donjon
comme monument historique, le site comme monument pittoresque. Le dossier dort quelque part, perdu
là-bas, dans un quelconque bureau, dans un quelconque tiroir, dans un quelconque carton du ministère des Beaux-Arts. Depuis deux ans, ce ministère
n'a pas soufflé mot. Il n'a pas écrit une seule lettre
à ce sujet, demandé le moindre renseignement, sol-
licité la plus légère précision.

L'administration française est éternellement immu-
able dans ses traditions de lenteur et d'insouciance.